José Nunes

Diáconos

José Nunes

Diáconos

servos silenciosos

CREDO EDICIONES

Imprint

Cover image: www.ingimage.com

Publisher:
CREDO EDICIONES
ist ein Imprint der / is a trademark of
International Book Market Service Ltd., member of OmniScriptum Publishing Group
17 Meldrum Street, Beau Bassin 71504, Mauritius

Printed at: see last page
ISBN: 978-613-1-93379-0

Diáconos, servos silenciosos - 02-09-2019

José Nunes

SUMÁRIO

As razões deste livro

A presença do diácono na Igreja é a análise histórica e pastoral a que se propõe este livro. É feita uma abordagem desde os primórdios de quando foi instituído até os dias atuais, com o Papa Francisco, mostrando o exemplo a partir da experiência na Arquidiocese da Paraíba (Brasil), onde foram escolhidos e ordenados homens casados para o diaconado tão logo foi restaurado pela Igreja após o término dos trabalhos do Concílio Vaticano II.

Levados a imitar os gestos das primeiras comunidades cristãs quando, há dois mil anos, sete homens, "de boa reputação e repletos do Espírito Santo", foram escolhidos com a incumbência bem definida de apoiar viúvas e órfãos que estavam sendo desprezados, assim dando condição para que os apóstolos pudessem exercer suas atribuições, na Igreja da Paraíba houve uma antecipação e, em janeiro de 1970, eram ordenados os quatro primeiros diáconos.

No decorrer dos dois milênios, e, sobretudo agora, em ocasiões diversas, o diácono chegou como agente silencioso para apaziguar, confortar e animar as comunidades acabrunhadas e tristes. Silenciosamente vão atuando e ajudando na construção do Reino de Deus nas famílias, nos locais onde residem e nos ambientes de trabalho.

Depois muitos séculos sem ordenar diáconos permanentes, somente no Concílio Vaticano II, em 1965, foi restaurado, passando a ser portador das "alegrias e das esperanças, das tristezas e das angústias dos homens e das mulheres de hoje, sobretudo os pobres e todos aqueles que sofrem". Essas alegrias, esperanças, tristezas e angústias também devem ser hoje dos discípulos de Cristo.

Os diáconos vivem no aceiro dos anseios do povo que sofre, porque são levados a viver o que se proclama.

As questões aqui levantadas tentam suscitar a reflexão, despertar a paixão e incitar ao envolvimento no processo de conhecimento da Palavra, da prática da Caridade e da vivência do Serviço.

A participação do diácono não seja apenas no serviço da Igreja, mas este esteja motivado a participar de discussões que envolvam outros segmentos, sendo presença ativa e permanente na busca de melhores condições de vida das pessoas. O diácono sinta a dor e se compadecendo, ajude de forma explícita a solucionar conflitos, auxilie na busca da integração de pessoas.

Junto ao bispo, com os padres e outros agentes, o diácono seja aquele que aponte para uma Igreja servidora, Igreja da unidade, que exerça a diaconia em favor dos excluídos, seja a Igreja sem pompas e de pés descalços, que lute em favor dos excluídos, no combate à pobreza esteja na linha de frente na orientação espiritual e acompanhamento das famílias. O diácono seja agente da Igreja portadora da esperança.

Como pede o Papa Francisco, o diácono ajude a construir a Igreja que surpreenda "porque o Espírito Santo é renovador".

Desse modo, acredita o papa, o diácono estará contribuindo para efetivar essa parceria de irmãos, para a boa relação entre pobres e ricos, fracos e poderosos.

O diácono seja, em todas as circunstâncias, o homem que sempre diz sim ao chamado da Igreja, abrindo seus ouvidos ao clamor dos pobres.

Diáconos que digam sim ao pobre, e tenham a mão estendida para os que sofrem.

Com estilo simples de vida, no vestir, abnegado, seja misericordioso para se aproximar cada vez mais da caridade.

Com sua experiência profissional poderá fazer funcionar a diaconia em diversas formas de ajuda: assistência jurídica, médica e psicológica às vítimas de violência ou em outras situações, com sua experiência que contemple a criança e o idoso.

Exercendo a sua plena diaconia na edificação da educação e da cultura para a formação do cidadão, conforme a vivência de cada região, seja um homem feliz. Exerça atitudes de conscientização na hora de votar e nunca apoie o agente público que desvia recursos ou esteja a serviço das forças opressoras.

Com novas atitudes e gestos, o diácono, igualmente o presbítero, pode desempenhar importante papel na conscientização e na cobrança de políticas públicas em favor dos pobres.

Recordamos as palavras do teólogo e padre José Comblin, quando falou que as Igrejas e os cristãos podem ter um papel profético dentro das instituições públicas, "tomando iniciativas, empurrando, movendo a opinião pública, oferecendo modelos de atuação no meio popular e, sobretudo, expressando o grito dos pobres".

Quando não há mais esperança na vida do pobre, disse este padre estudioso das Escrituras, o diácono seja esperança na sua presença nos locais para fazer chegar à ternura de Jesus.

A expressão da diaconia integral é a fé exposta nos gestos e na manifestação de cada um. Ao que Tiago justifica: "Tu tens fé, e eu tenho obras; mostra-me essa tua fé sem as obras, e eu, com as obras, te mostrarei a minha fé" (Tg 2,18).

O diácono deve estar ao lado dos que sofrem, onde há carência de afeto. Nos lugares mais sombrios, de discordâncias de pensamento, que dificultam a convivência pacífica entre as pessoas, impedindo o reino de Deus de crescer, ali chegue o diácono com sua palavra e sua mão estendida.

O exercício da diaconia é uma arte, e como tal deve ser exercida, pacientemente, mesmo nos momentos difíceis. Decididamente, o diácono não esteja ao lado dos que fazem a história, mas servindo aos que sofrem.

Talvez não seja suficientemente grande nem sábio para viver a grandeza do ofício, mas livre para reencontrar forças que ajudam a levar consolo e paz como pede Jesus, supremo diácono. A grandeza é o serviço.

Diante das fraquezas pessoais, a nobreza da atenção será a verdade emanada da Palavra de Deus, onde estão as raízes do compromisso assumido.

O diácono deve contribuir na redução do débito que o mundo atual tem para com os pobres, restabelecendo a vida a partir de sua negação à dignidade do viver. Diante da desintegração da sociedade, da ameaça de morte em todos os sentidos, seja sua palavra o consolo.

No atual contexto desfavorável aos pobres, qual tem sido o papel do diácono no exercício da solidariedade para edificar a Igreja que olha os pobres?

"Dai-lhes vós mesmos de comer...", é a ordem de Jesus, pedindo para que todos partilhem os seus dons com os que sofrem, mesmo quando se tenha tão pouco: cinco pães e dois peixes. Todos juntos, partilhando o amor, o poder de Deus transforma corações.

O diácono tenha a incumbência de olhar os pobres e levar os anseios destes ao padre e ao bispo a quem está intimamente ligado, e às autoridades constituídas para, juntos, tentar soluções. Somente a espiritualidade na conversão integral ao Evangelho muda as coisas e o diácono é convidado a ser este agente de mudanças.

Homem que decidiu receber esse ministério tão belo faça uso dele para defender o pobre, abrindo os olhos dos injustiçados. No mundo atual tem um reduzido grupo de homens cada vez mais escravizando pelo poder e o dinheiro, sufocando e oprimindo. Partilhando inquietações, o diácono seja obstinado e amante da justiça, e que não se deixe abalar diante da dor, mas que estende a mão a fim de reconstruir nova história.

Corajosos, de boa consciência, o diácono deve pregar as virtudes do Evangelho sem medir esforços. Jamais renunciar à cruz, à liberdade conquistada, à felicidade de cristão. Todo o seu viver, humildemente, colocar diante de Cristo ressuscitado.

Onde esteja, lembrar ao povo que a missão se espelha no Bom Pastor, sabendo que somos chamados a continuar seu projeto de anunciar e viver o Reino de Deus, com a certeza de que Ele estará conosco a todo instante, conforme as Escrituras. No Espírito Santo, como prometido, Jesus estará reanimando quem se dispõe a trabalhar pelo Reino de Deus.

O ano jubilar

O Jubileu dos Diáconos, no ano de 2000, organizado pela Congregação para o Clero, comemorado no Vaticano, foi um momento estimulante para suscitar novas vocações diaconais.

O Papa João Paulo II lembrou, na ocasião que o diácono, verdadeiramente assumindo sua missão, comprometido, deve seguir aquilo que ouviu do bispo ao pronunciar estas palavras no dia de sua ordenação: "Recebe o Evangelho de Cristo, do qual agora te tornas arauto. Crê naquilo que lês, ensina o que crês, vive o que ensinas". Assim, o diácono é agente da paz.

Abraçando o Evangelho, para usar palavras daquele papa, o diácono deve "aprofundar na fé a sua mensagem, amá-lo e testemunhá-lo com as palavras e as ações".

Contando com o empenho dos diáconos, o papa desejou que o Reino de Deus se dilatasse cada vez mais na família, no local de trabalho, na paróquia, na diocese, afinal, onde eles estejam.

No começo do milênio também apelou para que todos descobrissem "de modo ainda mais radical a beleza da vida em Cristo", porque "a vida n'Ele, que é a Porta Santa!", é o caminho para sair do egoísmo, das dúvidas, das infidelidades, e "saber aceitar o convite para entrar na Igreja Una, Santa, Católica e Apostólica".

Quando a Igreja celebrou os cinquenta anos da restauração do Diaconado Permanente, em 2015, foi oportuno refletir sobre a caminhada do diaconado no Brasil e, de modo particular, na Paraíba.

Foi uma oportunidade para lembrar o papel do diácono na vida da Igreja, recordando os acontecimentos do tempo dos Apóstolos, bem como nos tempos atuais, na comunidade onde está inserido.

No tempo dos Apóstolos, quando às viúvas reclamavam da falta de assistência, os sete primeiros diáconos foram escolhidos para estar nas comunidades, ao lado dos pobres (At 6,3). Depois que os Apóstolos impuseram as mãos sobre os escolhidos, estes passaram a viver junto às comunidades que antes reclamavam porque estavam sendo abandonados. Amparavam as viúvas, os desvalidos e escorraçados. Tornaram-se viga potente na construção da Igreja nascente. Depois os Apóstolos designaram presbíteros para comunidades, incumbindo-os da evangelização (At 14,23).

Naquele tempo já se percebia a importância da Eucaristia como fonte de esperança e de paz junto às pessoas, que o culto do templo deveria ser estendido à vida cotidiana nas comunidades. A vida que fosse transformada numa única liturgia. Eram chamados a se transformar em "hóstias vivas" (Rm 12,1), tendo como ponto de partida o ensinamento de Jesus na Ceia Eucarística: todos fazendo a mesma refeição.

Os sete diáconos, indo até as viúvas e aos excluídos, levavam à mesa dos pobres o pão que saciava a fome, sendo o próprio Jesus Eucarístico presente no meio deles, pão vivo descido do Céu. O Messias anunciado e esperado, esperado na esperança da salvação.

As fundamentações bíblicas e históricas do diaconado estão nos Atos dos Apóstolos (At 6,3): "Portanto, irmãos, escolhei entre vós sete homens de boa reputação, cheios do Espírito e de Sabedoria, para que lhes confiemos esta tarefa".

Assim, os diáconos, homens do silêncio, servos dedicados, missionários, foram instituídos para o Serviço, para pregar a Palavra e exercitar a Caridade. A comunidade reunida em oração os escolheu e a imposição das mãos pelos Apóstolos selou o início da missão dos diáconos.

Depois de muitos séculos um tanto esquecido, mas mantendo-se guardado no coração das comunidades, finalmente a partir da metade do século XX o Ministério do Diaconado rebrotou com mais vigor, chegando ao novo milênio como um novo vento soprado sobre a Igreja. Homens casados que se colocaram à disposição da Igreja, como protagonistas de uma nova história.

Como na antiguidade, o diácono de hoje nasce da necessidade da comunidade. Tem muitos outros desafios. O diácono é chamado para a missão de cuidar dos pobres, os mais pobres entre todos os pobres. O diácono é chamado a sorrir com os pobres, a caminhar junto aos irmãos que atuam com tanta dedicação ao serviço da

Igreja por meio das diferentes pastorais e serviços, sempre solícitos para o trabalho das pastorais nas paróquias, seguindo as orientações do bispo e do padre.

O diácono é chamado a testemunhar o que vive. Crer no que ler, ensinar o que crê e pôr em prática o que ensina.

Ao diácono compete unir as comunidades numa única manifestação de fé, animando os acabrunhados. Pois, é chamado a promover a cultura do encontro, da mão estendida, da acolhida.

Como em certa ocasião falou o Papa Francisco, dirigindo-se aos padres e aos bispos, de modo especial a estes, igualmente servindo para os diáconos, três modos devem formar um único jeito de agir: conservar a esperança, deixando-se surpreender por Deus e viver na alegria. Ajudar a conservar a esperança é convite imprescindível na missão do diácono e de todo irmão ordenado.

O seu ministério implica testemunho, serviços palpáveis e o anúncio da vida, morte e ressureição de Jesus Cristo, que foi por excelência, um servidor, a quem todos devem imitar.

A oração contínua fecunda a vida do diácono, assim como fecundou a vida dos primeiros homens escolhidos para se dedicar ao serviço da comunidade como ministros ordenados. Transformados pela Palavra de Deus, motive as pessoas para viver e avançar, alimentadas por essa mesma Palavra.

É oportuno lembrar que os diáconos tiveram papel importante na vida das pessoas, como São Lourenço e Santo Estêvão, o primeiro mártir da Igreja, um do grupo dos sete diáconos.

Tendo vivido no tempo em que a Igreja dava seus primeiros passos, Estêvão foi apedrejado, aspergindo a terra, como Jesus, com seu próprio sangue. Lourenço foi queimado numa grelha, segundo a tradição. Estes dois diáconos, cada um ao seu tempo, não mediram as consequências para viver o chamado do Mestre. As histórias dos diáconos – Estêvão e Lourenço – são fundamentais como estímulo para a caminhada.

Imitando os primeiros diáconos do tempo dos Apóstolos, hoje é preciso abrir o coração para executar atividades, ajudar as pessoas carentes da comunidade onde atuam. Aquilo que vê e ouve na comunidade, como lamentação e anseios, deixar penetrar no coração para depois buscar a forma de Deus agir naquele lugar, fazendo com que as pessoas encontrem Deus, sempre fazendo memória de Deus na história da salvação.

Um passo importante para o diácono avançar nas atividades é escutar e sentir. Com discernimento, levar adiante a proposta de mudança de vida das pessoas, estando ao lado dos mais necessitados, acolhendo os que sofrem.

O diácono deve ser íntimo de Jesus, estar em comunhão com a Trindade, abrir as portas do seu coração para o Espírito Santo entrar. Aquecido pelo fogo abrasador, estará impulsionado a avançar com os projetos junto da comunidade, levando a todos o Deus misericordioso, bondoso e pacificador.

Do século terceiro em diante, o diaconado passou a ser temporário, isto é, destinado aos que seguiriam o caminho do presbiterado, mas sem perder suas atribuições. Entretanto, o Concílio Vaticano II (1962-1965) restabeleceu o diaconado como Ministério permanente. Foi um momento histórico e um gesto grandioso inspirado pelo Espírito Santo.

A inspiração e o centro da missão do diácono estão também na instituição da Eucaristia, quando Jesus reuniu seus amigos para a Ceia, lavou os pés dos doze e mandou que fizessem o mesmo, de modo a se tornarem seus discípulos. (cf. Jo13, 5.14). Esse gesto se complementaria no sacrifício da Cruz. Tudo é fonte para a espiritualidade e a missão do diácono.

Na cena do lava-pés protagonizada por Jesus, antecedendo a preparação para a grande refeição feita com seus amigos, está o ponto de partida para a vida missionária do diácono, como deve ser para os demais ministros ordenados – bispo e padre - o centro de sua missão evangelizadora.

Na forma de agir, o diácono seja sinal de humildade, perseverante, sabendo falar e agir na hora exata, comedido nas palavras para não ferir ninguém. Reconhecer que o temor de Deus é o ponto central da humildade. São Bento fala de quatorze graus de humildade para seus monges, sendo sete para bem viver o interior e sete para externar o exterior.

Nesse sentido, o diácono deve conservar o silêncio, ocupando o coração com oração.

O grande mal para o diácono é o orgulho, o apego à riqueza material, em torno do qual se agregam outros males.

Percebe-se que as dioceses estão incorporando este ministério ordenado na vida da comunidade, ganhando com isso novo rosto missionário, um rosto da ternura. A tendência é crescer cada vez mais, na medida em que vão sendo conhecidos os trabalhos que estes executam nas paróquias.

Para exercer bem sua missão, o diácono precisa ser um homem da oração, rezar com vigor, confiança, estar sempre em contato com Deus. Esse contato acontece por meio da oração.

Desafios para o diácono

São muitos os desafios para o diácono no mundo atual, como foi no tempo de sua restauração há mais de cinco décadas e, igualmente, quando adotado na Igreja nascente.

Na época da restauração do diaconado como ministério ordenado, o mundo passava por transformações profundas e, sempre quando ocorreram mudanças na sociedade, a Igreja também se adaptou a essas realidades.

Também foi assim quando da realização do Concílio Vaticano II e, entre tantas inovações discutidas naquele conclave, o diaconado passou a ser discutido e, ao final, aprovado. O diaconado é um vento renovador sobre a Igreja.

Desde os tempos mais antigos da Igreja, sempre se realizaram concílios ou encontros de avaliação da caminhada da Igreja. O livro dos Atos dos Apóstolos (cf. At 15) fala sobre o Concílio de Jerusalém, o primeiro de tantos que aconteceria. Dezenas de outros foram promovidos depois daquela data. O Concílio Vaticano II, convocado pelo Papa João XXIII, e que se realizou em Roma, no período de 1962-1965, foi o mais recente.

Assim, o Espírito Santo fez sentir as mudanças sucedidas em meados do século XX, após a segunda guerra mundial. O mundo estava dividido em dois blocos: os Estados Unidos e seus aliados do Ocidente, representando o capitalismo; a União Soviética e vários países do Leste europeu e adeptos do seu regime. Esse período foi denominado de "guerra fria".

A Igreja precisava dar uma resposta aos problemas da humanidade que se agravavam cada vez mais.

O teólogo e diácono Alder Júlio Callado Ferreira assim descreve aquele período na Igreja Católica, um tanto preocupante, mas incitante na busca de soluções políticas, econômicas e sociais.

A resposta, como sempre, está na evangelização:

> A hierarquia reinava absoluta. Tinha uma atitude de condenação ao mundo, não queria saber de diálogo com os irmãos protestantes. Não se preocupava com a sorte dos pobres, estava mais perto do poder. O povo não era valorizado. Até a missa era rezada em Latim, e de costas para o povo. Havia um descontentamento por parte de alguns segmentos proféticos dentro da Igreja Católica.

Em meio a tantos desafios, no Concílio, surgindo a ideia de reativar o diaconado permanente, para se juntar às novas forças dentro da Igreja; daí o importante papel que é chamado a desempenhar.

O diácono é chamado a viver situações utópicas e buscar a "fraterna convivência com os pobres, na perspectiva de promoção de sua causa libertadora, bem como seu esforço de levar um estilo sóbrio de vida constitui relevantes elementos místicos de permanente alimentação de sua mística transformadora, de sua fé na construção de uma sociedade (e de uma Igreja) alternativa à hegemônica", comentou Alder Júlio.

Chamado a testemunhar com sua vida e prática, sendo o Cristo Servo, o diácono deve cultivar a cultura da solidariedade, alimentando a comunhão e a caridade entre as pessoas.

Agora, como nos tempos antigos, o diácono é levado a conviver com situações que exigem muito discernimento, a ter olhar misericordioso. Trabalhar pela unidade e servir no limite de possibilidades das forças, a fim de alcançar os objetivos do servir.

Diante das crises que atingem os mais diferentes setores da sociedade, a situação política é agravada por causa da luta pelo poder temporal, situação periclitante de setores econômicos e sociais, o diácono pode prestar um relevante serviço no apoio espiritual, na conscientização para os problemas que afloram cada vez mais em diferentes situações, desde a saúde, a educação, segurança, oferta de trabalho, meio ambiente, falta de água...

O diácono é convidado, neste emaranhado de situações, a levar o rosto misericordioso de Jesus.

Deus criou o mundo e firmou uma aliança com o homem, mas este se desviou do caminho de santidade. Seja o diácono este interlocutor para reaproximar os homens de Deus.

O homem criou e alimenta ambiente de opressão e para lutar contra isso, Deus mandou profetas e, por fim, seu próprio Filho. Jesus trouxe a dignidade para as pessoas. Libertar as pessoas foi o ponto central de sua missão.

Ele trouxe a alegria para quem Dele se aproxima. Jesus ressuscita a pessoa para uma vida nova, porque é aquele se compadece. Jesus tem consciência de que está no meio de uma multidão de famintos, de carentes da presença de Deus.

O apelo de Jesus, a partir de seus gestos, é para que se tenha o coração bom, cheio de misericórdia, capaz de se compadecer do sofrimento das pessoas.

Jesus chama todo cristão a um olhar constante para a caridade. No final dos tempos, ele vai nos dizer: "Tive fome e me deste de comer, tive sede e me deste de beber".

Deus entra na alma daquele que se dispõe a atender a seu chamado para praticar a caridade, a compreensão e a ajudar aos necessitados que estão ao seu redor, na família ou no trabalho. Deus leva a conhecer Cristo preocupado com os sofredores.

Os que se dedicam ao serviço da Igreja, de modo particular padres e diáconos, devem incitar as pessoas ao entendimento de que alimentados pela Eucaristia, é o próprio Cristo que se doa a nós, de modo que se transformem pelo alimento recebido.

O diácono seja o amparo aos necessitados, aos pobres que lutam pela sobrevivência. Esteja ao lado dos pobres que resistem e nunca se entregam. Lutar, e nunca desistir, nunca se deixar derrotar. Levantar-se, sacudir a poeira e voltar a caminhar, tem sido o desafio.

O Papa Francisco deu voz aos pobres de hoje. Ressaltou em "*Alegria do Evangelho*" que "é necessário afirmar, sem rodeios, que existe um vínculo indissolúvel entre a nossa fé e os pobres. Não os deixemos jamais sozinhos!", comentou.

Afirmou o santo padre, ainda, que ninguém pode ficar satisfeito quando existem pessoas passando fome. Para essa multidão faminta, Jesus nos repete: "Dai-lhes vós mesmos de comer" (Mc 6,37).

Este papa jesuíta trouxe um jeito novo de ver a Igreja, estabelecendo uma Igreja voltada, sobretudo, para os pobres. O diácono, em seu ministério, é chamado a olhar os caminhos que vão se abrindo ao seu redor, é convidado a adentrar e viver com os que muito necessitam de consolo.

No seu livro *O Sacerdote, Imagem de Cristo*, Dom José Maria Pires, falando ao clero, afirma algo que se conecta ao ministério diaconal. Ele clama por uma opção preferencial pelos pobres feita a partir de um estilo de vida modesto, pouco chegado ao consumismo, lutando "contra a fome, o desemprego e todo tipo de injustiça social".

"O clero deve, portanto, prosseguir na pregação de um Evangelho que seja resposta para os anseios de justiça do homem de hoje. Deve estar disposto a lutar, por todos os modos lícitos, para contribuir com a revolução dos pobres e excluídos", escreveu o arcebispo emérito da Paraíba.

Recomendava ao diácono voltar-se para os tempos dos sete primeiros escolhidos, sendo arauto sensível aos anseios do povo, que reúna a comunidade em torno da Palavra de Deus, que esteja ao lado dos excluídos.

Ele dizia que ser diácono não é uma profissão, opinião igualmente servindo para o padre, mas é missão, é serviço à comunidade.

Homem que se mistura ao povo na comunidade onde está inserido, no mundo de sua atividade profissional, seja o diácono aquele que leva os fiéis a estarem perto do padre e em redor do altar.

Desejava o diácono com a cara do povo, ajudando o padre no pastoreio, de modo que "todos tenham vida em abundância, ambos se fazendo próximos das ovelhas sofredoras". De modo que façam aquilo que Santo Irineu exaltava: "a glória de Deus é o homem pleno de vida". Diziam que ambos, padre e diácono, vivam o mesmo testemunho de amor de Deus, sendo um único corpo a serviço dos fiéis.

O diácono na comunidade

O diácono deve buscar uma nova sociabilidade de alternativa de vida no atual quadro de globalização ampliado neste começo de século. Faça o semeio de utopias, revestidas de formas de libertação e busca ao Divino, como liberdade, justiça, prosperidade e dignidade aos desamparados.

Para São Paulo, a comunidade não é dos apóstolos (hoje diríamos padres e diáconos), mas estes pertencem à comunidade e, por sua vez, a comunidade é de Cristo! Comunidade onde se doam e servem.

Os diáconos são convidados a servirem com denodo na comunidade para a qual são destinados. Não o contrário. Sendo todos iguais pelo Batismo, vivendo os mesmos sentimentos de pertença a Cristo servidor, não como proprietários, mas colocados a serviço da comunidade de forma harmoniosa.

Ser diácono é estar atento para as Palavras de Jesus, como nos recomenda Lucas (4,18-19), lembrando o profeta Isaías:

> O Espírito do Senhor está sobre mim, porque ele me ungiu para evangelizar os pobres; enviou-me para proclamar a remissão aos presos e aos cegos a recuperação da vista, para restituir a liberdade aos oprimidos e para proclamar um ano de graça do Senhor.

O diácono precisa entender que o pobre tem a vida ameaçada em vários sentidos, é a presa fácil para os poderosos e que Deus age em favor deste. Por isso, deve estar junto buscando remédio para sua dor.

Para seguir Jesus como modelo missionário e único, é bom ter na lembrança seus gestos tantas vezes explicitados e resumidos na palavra "amor" (cf. Mt 22,34-40). A prescrição de Jesus para seus seguidores: ficar perto dos pobres, para a eles mostrar que nunca foram abandonados por Deus (Jo 7,49); estar perto dos fariseus e pecadores, chamando-os para junto de si (Mc 2,13s); apoiar as mulheres e as crianças, com as quais Jesus partilhou seu amor; se preciso radicalizar no amor ao próximo, perdoando seus inimigos (Lc 6,27; 6,35; 23,34).

O diácono deve mostrar o rosto de Deus anunciado por Jesus, Deus que cura e não oprime, mas que perdoa e não castiga. Deus da justiça e do amor. Deus fraterno que se compadece dos que sofrem, nunca pensa no luxo nem é ganancioso.

Olhando a comunidade com os olhos de Jesus, o diácono faça sua plena conversão ao pobre. Deve gostar do pobre, sentir e ter o cheiro do pobre. Deve entender o que significa "pobre em espírito". Todos são salvos pela pobreza de Cristo. Na Carta aos Filipenses São Paulo afirma: "Tende entre vós os mesmos sentimentos que estão em Cristo Jesus".

No século passado a Igreja refletiu sobre isso: "O serviço do pobre exige, de fato, uma conversão e purificação constantes" (Puebla, 1140). Estará a Igreja a serviço do Reino quando se tornar igual a um dos pobres que é chamado a servir, quando clama em favor do pobre, pois o caminho é a imitação de Cristo que se abaixou para lavar os pés dos discípulos sem perder a grandeza nem a sua nobreza de Filho de Deus.

Quanto é salutar manter esse olhar para os necessitados, partilhar com eles sua dor porque neles se encontra Jesus. "Tive fome e me deste de comer, tive sede e me deste de beber...", assim seremos indagados um dia diante do Pai.

O Papa Francisco tem falado que "os pobres são uma oportunidade concreta de encontrar o próprio Cristo, de tocar a sua carne sofredora".

O diácono é chamado a perfumar a cabeça do pobre para a salvação deste. Quando isso ocorre? Ocorre quando o pobre está alimentado, quando não dorme ao relento, quando tem acesso à escola, ao posto de saúde, quando tem mais segurança.

Como ensinou Dom Hélder Câmara, é preciso olhar a Igreja como uma Cruz, com haste horizontal e vertical, unidas, ambas formando um único corpo, assim como Jesus resumiu os mandamentos: "Amar a Deus sobre todas as coisas e ao próximo como a si mesmo...".

Estar na comunidade com o olhar para os primeiros diáconos que, apesar de terem sido escolhidos para o serviço e a caridade, também se dedicaram à Palavra, porque as pessoas estavam sequiosas do saber. Os diáconos eram homens da unidade, da partilha.

Aquele que era cheio do Espírito Santo, espécie de líder entre os sete, Estêvão, "cheio de graça e de poder" (At.6:8), exercia também a tarefa de evangelização, apresentava, em nome de Jesus, uma interpretação da lei de Deus, relia o Antigo Testamento sob o anúncio e ressurreição de Jesus, o novo templo, o que provoca reação entre os judeus, vendo naquilo uma blasfêmia (At:11-14), a ponto de matá-lo apedrejado.

A primeira lição vem de Santo Estêvão e seus ensinamentos servem de modelo, convertem-nos a aceitar a cruz que faz Cristo presente.

"A história de Estêvão nos transmite muitas lições. Por exemplo, nos ensina que nunca devemos separar a dedicação social da caridade do anúncio corajoso da fé. Era um dos sete, encarregado especialmente da caridade", afirmou o Papa Bento XVI no livro *"Os Apóstolos e os primeiros discípulos de Cristo".* O papa emérito, antecessor do Papa Francisco, lembra não ser possível separar a caridade do anúncio, porque com a caridade se anuncia Cristo crucificado e quem assim procede estará passivo de martírio.

O diácono e o leigo

O diácono deve ajudar na construção da Igreja da misericórdia, a Igreja que seja o rosto da ternura de Cristo.

Homem da alegria, também deve ajudar os leigos a encontrar essa alegria na Palavra de Deus. Na sua caminhada, o diácono está em constante contato com o leigo, sendo este, parte preponderante de sua história, de suas conquistas. O diácono não viverá sem o leigo, que é membro vivo da Igreja, por isso precisa estar junto dele. Ao unir suas mãos aos leigos, viverá verdadeiramente o papel de protagonista de um novo panorama na comunidade onde, junto ao padre, é chamado a colaborar.

Com a mão estendida para os leigos, juntos, poderão abrir as portas do coração para obras de misericórdia, viver plenamente a opção preferencial pelos pobres, ajudando na promoção da vida e no anúncio da boa-nova do Evangelho.

O diácono é para cuidar bem dos leigos e das leigas. São estes cristãos que ornam o altar de Cristo, todos os dias, com suas tarefas e suas orações. Os leigos são o perfume e o fermento do Reino de Cristo.

O leigo é convidado a se integrar na comunidade, e ao diácono cabe o papel de estimular e vivenciar, juntos, as mudanças que a Igreja propõe.

Sem a família e os leigos da comunidade, o diácono anda mancando. O diácono deve ter os pés no chão. O diácono seja imitador do bom samaritano.

O diácono que deseja viver o Evangelho, para o qual foi convidado, deve fazer opção preferencial pela Igreja dos pobres. A Igreja de Padre Ibiapina, a Igreja de Dom Hélder Câmara, a Igreja de Dom José Maria Pires, a Igreja de Dom Marcelo Carvalheira, de Padre José Comblin. A Igreja que deseja o Papa Francisco.

Dirigindo-se aos ministros ordenados, sobretudo os diáconos, certa vez Dom Marcelo Carvalheira, arcebispo emérito da Arquidiocese da Paraíba, dizia que estes são incitados por Jesus a seguir seus passos, pois os ensina e ordena que tudo seja executado sem medir esforços.

De modo geral, o diácono precisa dar respostas rápidas aos questionamentos que os pobres apresentam. Ele é chamado a viver autenticamente seu papel de estar ao lado dos afastados do convívio social e da Igreja, reproduzindo-se nos sete primeiros homens escolhidos, que cheios do Espírito Santo se dedicavam ao amparo dos órfãos, das viúvas que, à época, eram relegadas a uma situação de abandono.

Seja agente para levar aos necessitados a ternura e o carinho característico de Jesus.

Sabendo que Jesus é o caminho, a verdade e a vida, o diácono deve ir todos, levando a confiança e esperança na Palavra de Deus. Onde exista intolerância, desespero, impaciência ali esteja com o olhar de ternura, num esforço para servir com generosidade.

Estando nas comunidades onde serve, assuma o papel de agente da paz, agente do diálogo, agindo com serenidade, aconselhando com olhar terno.

Mesmo que difícil, a vida de diácono seja um encanto, a cada dia um passo à proximidade do rosto misericordioso de Jesus, sem o qual estará desvirtuando a essência do ministério abraçado. Há muitas barreiras a transpor, tentações que a vida em sociedade impõe, mas é preciso buscar a santidade, vencendo a cada dia um obstáculo. Não é fácil a vida de diácono, muitos afazeres nas atividades profissionais, além da família que exige dedicação, mas é grandioso o resultado do trabalho quando na comunidade transborda paz e expõe fé.

Diácono, pai de família

O diácono casado tem ainda a sublime missão de conduzir com esmerada atenção e dedicação a sua família, e desta levar à comunidade o modelo de convivência familiar. A Família de Nazaré – modelo supremo – seja a busca constante do ideal para quem vive à luz da Palavra de Deus, também no ministério diaconal.

Na comunidade onde serve, é chamado a estar ao lado e nunca na frente dos que o procuram, do mesmo modo como age em casa, com sua família, sendo suporte e cobertor de agasalho.

Já a esposa, companheira que ajuda na caminhada, nunca sentar na primeira fila, mas estar nas cadeiras subsequentes, no meio do povo.

A esposa do diácono, sempre silenciosa, é suporte para que o marido possa avançar com os projetos a ele confiados, dando-lhe a mão quando o cansaço aparece, porque reconhece quanto é exigente, depois de uma semana de trabalho este se fazer presente na comunidade, às vezes privando-se da convivência com a família.

Para o diácono, sem dúvida, a esposa se transforma na guardiã de sua fé, porque ela está ali ao seu lado, estimulando, agendando os compromissos, lembrando os afazeres na comunidade. A esposa é muito importante na vida do diácono.

O diácono casado encontra na sua esposa a companheira que fortemente ajuda na caminhada, em todos os sentidos. Igualmente, os filhos completam a paisagem por onde o diácono caminha.

Como os filhos são importantes na caminhada do pai diácono, igualmente os netos, se os tiver, porque com seu sorriso abrasador torna o cansaço diminuído e as tormentas são menores, sempre entendendo a ausência do pai enquanto está na missão, em alguns casos até estando juntos.

O Documento (157) da Congregação para Educação Católica e Congregação para o Clero, no capítulo dedicado ao ministério do diácono, destaca que a este pode ser confiado, a nível diocesano ou sob a autoridade do pároco, o acompanhamento das famílias, na formação dos futuros esposos. Assim destaca o documento: "Os diáconos casados podem prestar um bom serviço ao propor a boa-nova acerca do amor conjugal, as virtudes que o tutelam e o exercício de uma paternidade cristã e humanamente responsável".

Dessa forma, o diácono é um agente da família, que deve levar à comunidade os preceitos da vida familiar cordata e participativa.

Neste documento é ressaltado o tríplice sacramento ao homem casado que se torna diácono: o sacramento do Batismo, do Matrimônio e da Ordem.

O Matrimônio é complemento e alimento da vida espiritual, "uma vez que a vida conjugal e familiar e o trabalho profissional reduzem inevitavelmente o tempo a dedicar ao ministério", exigindo empenho para viver a unidade, numa entrega total. Essa atitude de entrega à família é estímulo para a diaconia na comunidade.

A esposa do diácono também tenha o amparo espiritual para acompanhar o marido nas atividades a ele reservadas. Ela, muitas vezes também tendo atividades profissionais que lhe tomam tempo e esforço, é a bússola na condução do trabalho no lar e também na sua atividade profissional, tomando para si o acompanhamento da educação dos filhos e até os netos.

É comum se escutar na comunidade as pessoas dizendo: "olha, aquele é irmão do diácono, este é filho do diácono, estes são os netos do diácono, ou aquela é a mulher do diácono". Portanto, estes também vivem a dimensão que emana das atividades do diácono.

É importante o olhar que os demais familiares dispensam, a exemplo de irmãos, primos e outros parentes no estímulo ao seu trabalho.

Agentes da caridade

Nos primeiros séculos da Era Cristã, a semente do diaconado germinou sobre terra regada pelo sangue de mártires, porque descida do céu como dádiva para perfumar a cabeça dos pobres.

Inspirados pelo Espírito Santo, naquele tempo e agora os diáconos são impulsionados a imitar Cristo Servidor, o Bom Pastor, a chamar para junto de si os marginalizados, a lutar pela unidade dos irmãos na comunidade e amar seu ministério.

O diácono é ordenado pelo bispo para ser seu auxiliar nas tarefas da diaconia nas comunidades, viver a fidelidade ao ministério.

Os serviços e as tarefas atribuídas aos diáconos, são: assistir o bispo ou o padre na celebração da Eucaristia, servir à mesa, na distribuição da Comunhão, assistir ao Matrimônio, presidir o Sacramento do Batismo, proclamar o Evangelho e, quando necessário, pronunciar a homília, presidir funerais e, sobretudo, dedicar-se ao serviço da caridade e da animação da comunidade. Tarefas também a ele atribuídas: preparar o altar e recolher os objetos ao final da celebração, acolher e despedir os fiéis durante a celebração da Eucaristia.

Santo Hipólito lembrava que os diáconos participam de modo particular na missão e na graça de Cristo.

Na Primeira Epístola de Pedro aparece a atribuição de administrador, ecônomo, que administra a Palavra e o serviço da caridade; portanto, o diácono (cf. 1Pd 4,10, 10,10-11); Rm 16, 23; 1Cor 9,19; 4, 1-2) auxilia diretamente o bispo. Assim como a Epístola a Tito (Tt 1,7), dirigida especialmente ao epíscopo, igualmente serve para o diácono que, sendo ecônomo,

> seja irrepreensível, não presunçoso, nem irascível, nem beberrão ou violento, nem ávido de lucro desonesto, mas seja hospitaleiro, bondoso, ponderado, justo, piedoso,

disciplinado, de tal modo fiel na exposição da palavra que seja capaz de ensinar a sã doutrina como também de refutar os que a contradizem.

São constantes citações das presenças dos primeiros epíscopos e diáconos, principalmente em Éfeso, Colossenses e igualmente em Coríntios.

No tempo da Igreja nascente, a comunidade de fiéis escolhia e apresentava aos Apóstolos aqueles que desejavam tê-los como seus ministros. A escolha dos sete primeiros diáconos obedeceu a esse critério. Hoje se tenta manter a tradição nas escolhas, mas os escolhidos precisam ter uma sólida formação intelectual e eficaz na atuação pastoral nas comunidades. Como antes, hoje se pede que as comunidades orem sobre seus diáconos.

A Igreja encontrou neles o caminho para se chegar ao Servo de Javé. Sua função primordial é animar o povo. O anúncio da Palavra e a participação na liturgia é a inseparabilidade entre o anúncio de Cristo Jesus, Salvador, e o serviço em favor do irmão.

Desde o tempo dos Apóstolos há velada união do diácono ao epíscopo (cf. Fl 1,1; 1Tm 3,2.8,12) e deste ao presbítero. A tradição apostólica ressalta que o diácono é ordenado para estar junto ao bispo, servindo onde este entender como necessário. A seu pedido, conforme a necessidade, o diácono é levado a estar a serviço da Igreja na comunidade.

Como ressaltou Dom Marcelo Carvalheira, "seja o diácono os olhos e os ouvidos do bispo na comunidade para onde foi designado para servir; que seja atencioso e carinhoso para com o povo que serve, animando e servindo de esteio para a fé desses irmãos".

A partir da sua ordenação, o diácono se torna auxiliar do bispo na comunidade. Segundo o Vaticano II, o bispo tem o "ministério da comunidade", daí, o diácono ser o braço direito do bispo na comunidade, no trabalho em parceria com o padre de sua paróquia.

O diácono é convocado a exercer sua expressão maior como ministro ordenado na consolidação da unidade em torno do projeto de Cristo. É incitado a ir ao encontro do pobre e do oprimido, a ficar contra os poderes que corroem a dignidade e os direitos humanos, nem deve se curvar diante de opressores. Não significa que bispos e padres também não se comportem dessa maneira. Para viver autenticamente a Palavra anunciada, não existe outro caminho senão a tomada de posicionamento contra o que leva à destruição do Reino de Deus.

O diácono nunca deve esmorecer na luta para levar os pobres ao entendimento do Evangelho, e fazer com que este não se declare cristão católico sem a prática da fé. Nem se sinta marginalizado na comunidade onde habitam.

O diácono deve assumir na comunidade, onde é convocado a servir, papel preponderante na organização da Igreja, para uma tomada de posição em face da exclusão do povo que vive distante do acesso aos bens indispensáveis a uma vida digna.

Sob o olhar do bispo, e na companhia do padre com quem partilha os serviços na paróquia e demais agentes da mesma missão, o diácono deve criar condições para que se tenha uma Igreja servidora, missionária e messiânica, pé no chão.

Onde esteja, na família, na comunidade católica ou exercendo sua atividade profissional, o diácono deve ser o homem da alegria. Levar a todos o rosto alegre de Jesus. Nunca esconder o rosto iluminado de Deus. A alegria cristã suplantando a alegria humana.

Com a responsabilidade de representar o bispo na comunidade, o diácono pode e deve colaborar com o padre em algumas tarefas, contribuindo para o crescimento da Igreja local, deixando este com mais tempo livre para as visitas missionárias na paróquia, para o atendimento aos fiéis que necessitam do sacramento da penitência e da orientação espiritual.

A ordenação do diácono não difere muito do presbítero. Mas somente o bispo impõe as mãos sobre o diácono, porque este é seu auxiliar. O povo, no entanto, a quem se dispõe a estar ao seu lado, deve "orar em seu coração pela descida do Espírito Santo" sobre aquele escolhido, bem ao modo como ocorria no tempo dos Apóstolos.

A imposição das mãos do bispo é um gesto de bênção realizado na ordenação dos presbíteros e dos diáconos, com a ausência da unção das mãos no caso dos diáconos, visto que estão sendo ordenados para serviços específicos. A imposição das mãos é um gesto de transmissão de poder ou constituição de autoridade concedida pelo bispo pela ação do Espírito Santo, para exercer função na comunidade.

Para confirmar e consolidar o papel do diácono na vida da Igreja e sua atuação nas comunidades, o Código de Direito Canônico: Cân. 517, parágrafo 2, é explícito: "Por causa da escassez de sacerdotes, se o bispo diocesano julgar que a participação no exercício do cuidado pastoral da paróquia deva ser confiado a um diácono...".

Como ministro ordenado, conforme declara o Documento 157 – *Diretório do Ministério e da Vida dos Diáconos Permanentes*, na página 89, aprovado pela CNBB e pelo Vaticano, nº 1: "Mediante a imposição das mãos e a oração consagratória, ele (diácono) é constituído ministro sagrado, membro da hierarquia. Esta condição determina o seu estado teológico e jurídico na Igreja".

O Documento de Aparecida, nº 206, diz: "Quando estão a serviço de uma paróquia, é necessário que os diáconos e presbíteros procurem o diálogo e trabalhem juntos".

A ainda segundo este mesmo: "Cada diácono permanente deve cultivar esmeradamente sua inserção no corpo diaconal, em fiel comunhão com seu bispo e em estreita unidade com os presbíteros e os demais membros do povo de Deus".

Reafirma o Documento de Aparecida que, chamados para seguir Jesus Cristo Servidor, homens casados que recebem o Sacramento da Ordem do Diaconado, através da imposição das mãos do bispo, exercem o tríplice ministério, qual seja: a diaconia da Caridade, diaconia da Palavra e diaconia da Liturgia.

A esta tríplice aliança, sua atividade ainda se expande ao serviço de levar o pão eucarístico e as oferendas do altar aos fiéis ou aos enfermos em suas residências, nas casas de saúde.

Santo Inácio de Antioquia dizia que sem os diáconos, sem os bispos e sem os presbitérios não se pode falar de Igreja.

Os diáconos, “fortalecidos pela graça sacramental, servem o povo de Deus na diaconia da liturgia, da palavra e da caridade, em comunhão com o bispo e o seu presbitério”.

Maria, diaconisa

Usando Maria como modelo, o papa nos mostra, enquanto diáconos, que devemos estar disponíveis num constante diálogo com Jesus e com a comunidade onde vivemos, e "não ter medo de serem servidores de Cristo, de encontrar e acariciar a carne do Senhor nos pobres de hoje".

Maria não escolheu a hora de ir ajudar Isabel; igualmente seja o diácono um enviado a viver o dia a dia da comunidade. Quem serve não deve ter hora para abrir as portas. "O servo sabe abrir as portas do seu tempo e dos seus espaços a quem vive ao seu redor e também a quem bate à porta fora do horário, à custa de interromper algo que lhe agrada ou o merecido repouso", afirmou Francisco na missa do Jubileu dos Diáconos a 29 de maio de 2016.

A mãe de Jesus, Maria de Nazaré, amava incondicionalmente a Deus a ponto de na sua obediência emprestar seu ventre para gerar aquele que muitas gerações esperavam. Fez isso porque tinha amor no coração. Entregou seu corpo ao Espírito Santo por amor à humanidade. Uma autêntica servidora.

Este gesto de obediência caracteriza Maria como a primeira diaconisa na história da Igreja, antecipando-se à caridade que, décadas depois, viria a ser protagonizada pelos sete escolhidos.

Maria, bendita entre todas as mulheres, primeira discípula e diaconisa que serviu a Jesus e deste recebeu, ao pé da cruz, a missão de ser a acolhedora de todos os discípulos.

Maria é, portanto, a diaconisa que muito amou e que teve uma fé profunda no Deus de Abraão, de Moisés, de Davi, assim vivendo legítima caridade. Ela demonstra que fé e caridade caminham juntas.

Assim como os padres da fé que no Concílio de Éfeso (ocorrido em 431) renovaram com efusivo entusiasmo a definição de que "o Filho de Maria é Jesus Cristo, Pessoa Divina, e que Maria é a Mãe de Deus", verdade essa que a multidão de fiéis que esperava com fervor as cintilantes luzes do final deste conclave, igualmente hoje, como humildes servos do Senhor, recebe com alegria a mensagem do Bom Pastor.

Segundo a liturgia romana em voga, há certas coincidências nas ordenações do bispo, do presbítero e do diácono. Essa coincidência reside na ação que todos exercem para tornar visível o rosto de Cristo nas comunidades onde servem.

Os teólogos Alphonse Borras e Bernard Potter, escreveram o livro *A Graça do Diaconato*, destacando que o bispo, padres e diáconos são, antes de tudo, no interior da Igreja, mediadores sacramentais, e que, juntos, como portadores do mesmo Sacramento da Ordem, cada um à sua maneira, ocupam seu campo de atuação, e unidos representam o Corpo de Cristo, sumo sacerdote e rei supremo.

É preciso anunciar Cristo pelo próprio exemplo, pelo modo de ser, de comunicar, de viver, sem hipocrisia e sem formalismos; é preciso descobrir Cristo, misericórdia do Pai, que cura, que perdoa e que liberta. Temos ido à busca de parceiros para trabalhar no roçado do Senhor?

Temos preparado a ceia eucarística para quem apenas se encontrou com Jesus? Em Lucas (Lc 5,27-32), o cobrador de impostos Levi encontrou Jesus e ofereceu um banquete para seus velhos e novos amigos, porque impulsionado pelo Espírito Santo. Com esse gesto Levi proporcionou a Ceia Eucarística no meio do povo; como ministros ordenados, somos conduzidos pelo mesmo Jesus para assim proceder.

Nas Bodas de Caná, percebemos que Maria se preocupou com a felicidade dos convidados, com a alegria das pessoas e trouxe um novo ambiente onde tudo estava tomado de preocupação e à beira de iminente tristeza. Maria está a dizer para os diáconos: "façam o que Ele vos disser". O diácono deve estar sempre atento a esse chamado de Maria para fazer aquilo que seu filho Jesus mandar. Jesus está constantemente mandando servir, ir aos irmãos.

Por fim, para viver a autêntica fé, é preciso misericórdia e solidariedade. O caminho da fé passa, inicialmente, pela cruz. Maria compreendeu isso logo nos primeiros dias após o nascimento de Jesus, quando Herodes quis assassinar seu filho. Com fé ela enfrentou todos os desafios, a incompreensão e a dor da crucificação do filho. "Quando chegou a hora de Jesus, ou seja, a hora da paixão, a fé de Maria foi uma pequena chama na noite, uma pequena chama no meio da noite. Na noite do sábado santo, Maria esteve de vigia. Sua chama, pequena, mas clara, permaneceu acesa até o alvorecer da ressureição", comentou o Papa Francisco.

Maria é a mulher que oleou nossas cabeças por ocasião de nossa sagração. A ela entregamos nosso labor pedindo-lhe intercessão.

Resta abraçar Maria, a Mãe de Jesus. Se Ela foi dada aos cuidados dos Apóstolos, é Ela quem cuida de nós e nos manda fazer o que seu Filho quer.

Nunca esconder Deus, mas levá-lo às pessoas que ainda não o viram em suas vidas.

Ao acompanhar seu Filho, Maria fez seu itinerário de fé. O itinerário que o diácono deve fazer.

A peregrinação que os diáconos são chamados a fazer, conscientes de que Jesus, quando estava na cruz, na hora suprema da nova criação, conduziu todos até Maria, entregando-nos aos seus cuidados. Juntos, com Maria, o diácono é convidado a fazer essa peregrinação rumo a um mundo novo.

Tendo cuidado de seu Filho, agora Maria é quem cuida de nós, cuidando também dos diáconos, por quem devota maternal amor.

A alegria de contemplar Maria como a jovem discípula da caridade, a primeira diaconisa, que sai de casa para servir sua prima, quando intercede para que todos sejam alegres (Bodas de Caná), quando anima os discípulos depois do Pentecostes, são sinais para o diácono nos dias atuais e convite para segui-la.

O Papa Francisco quando aponta Maria e a chama de Mãe da Caridade, é um sinal para que os diáconos façam o mesmo. Ele nos diz que deseja que sigamos o exemplo desta serva, amiga e bondosa.

O papa afirmou: "Como Maria, Mãe da Caridade, queremos ser uma Igreja que saia de casa para lançar pontes, abater muros, semear reconciliação. Como Maria, queremos ser uma Igreja que saiba acompanhar todas as situações...", e aponta caminhos que devem ser trilhados pelos diáconos.

Como Maria, os diáconos podem contribuir para uma Igreja da esperança e da misericórdia, visibilizando o rosto de Jesus nas comunidades.

Para ser diácono, fiel e sincero com seu ministério, é preciso olhar para Maria, Ícone da Misericórdia e da Caridade.

Olhando para as inúmeras mulheres que hoje na comunidade se dedicam ao serviço, o diácono veja nelas a continuidade dos gestos caritativos de Maria.

O diácono pode e deve ser este servo pronto a visitar os doentes, os enfermos, os encarcerados, os maltrapilhos de ruas, as pessoas depositadas em asilos. O diácono pode ser o homem do sim, levando uma palavra de conforto aos tristes.

Francisco: Jesus se fez diácono

Como parte das comemorações do Jubileu dos Diáconos, com a Praça São Pedro, no Vaticano, completamente lotada, o Papa Francisco recepcionou diáconos de todo o mundo, no domingo, 29 de maio de 2016. O evento fez parte do Jubileu Extraordinário da Misericórdia, e o tema foi "Diácono: ícone da Misericórdia para a promoção da Nova Evangelização".

Francisco afirmou que Jesus, assumindo nossas dores, se fez diácono de toda a humanidade.

Pela preciosidade com que abordou o Sacramento da Ordem Diaconal Permanente, transcrevemos parte da homilia do papa.

O papa, citando a expressão do Apóstolo Paulo encontrada em Gálatas - "Servo de Cristo" (Gal 1, 10) -, usada para definir-se a si mesmo, porque se considerava "apóstolo" pela vontade de Jesus, afirmou que estes dois termos "apóstolos e servos" não podem estar separados. Porque quem é chamado a anunciar Jesus deve servir como anuncia Jesus.

Recordou na ocasião que o primeiro que nos mostrou isto foi o Senhor: Ele, a Palavra do Pai, Ele que nos trouxe a boa-nova (cf. Is 61, 1), Ele que em Si mesmo é a boa-nova (cf. Lc 4, 18), fez-Se nosso servo (Fl 2, 7) não veio para ser servido, mas para servir (Mc 10, 45). Fez-Se diácono de todos, como escreveu um Padre da Igreja (São Policarpo, Ad Filipenses V, 2). E como Ele fez, assim são chamados a fazer os seus anunciadores, cheios de misericórdia, de zelo, caminhando segundo a caridade do Senhor que se fez servo de todos.

O discípulo de Jesus não pode seguir um caminho diferente do Mestre, mas, se quer levar o seu anúncio, deve imitá-lo, como fez Paulo: almejar tornar-se servo. Por outras palavras, se evangelizar é a missão dada a cada cristão no Batismo, servir é o estilo segundo o qual se vive a missão, o único modo de ser discípulo de Jesus. É sua testemunha quem faz como Ele: quem serve os irmãos e as irmãs, sem se cansar de Cristo humilde, sem se cansar da vida cristã que é vida de serviço.

O papa perguntou por onde começar para nos tornarmos "servos bons e fiéis" (cf. Mt 25, 21). Ele mesmo responde:

> Como primeiro passo, somos convidados a viver na disponibilidade. Diariamente, o servo aprende a desprender-se da tendência a dispor de tudo para si e de dispor de si mesmo como quer. Treina-se, cada manhã, a dar a vida, pensando que o dia não será dele, mas deverá ser vivido como um dom de si. De fato, quem serve não é um guardião cioso do seu tempo, antes renuncia a ser senhor do seu próprio dia. Sabe que o tempo que vive não lhe pertence, mas é um dom que recebe de Deus a fim de, por sua vez, o oferecer: só assim produzirá verdadeiramente fruto. Quem serve não é escravo de quanto estabelece a agenda, mas, dócil de coração, está disponível para o não programado: pronto para o irmão e aberto ao imprevisto, que nunca falta sendo muitas vezes a surpresa diária de Deus. O servo está aberto à surpresa, às surpresas diárias de Deus.

Ainda conforme o papa em sua homília naquele dia,

> o servo sabe abrir as portas do seu tempo e dos seus espaços a quem vive ao seu redor e também a quem bate à porta fora do horário, à custa de interromper algo que lhe agrada ou o merecido repouso. O servo não se cinge aos horários. Deixa-me o coração triste ver um horário nas paróquias: 'Da hora tal até tal hora'. E depois? Porta fechada; não há padre, nem diácono, nem leigo que receba as pessoas... Isto faz doer o coração. Deixai cair os horários! Tende a coragem de pôr de lado os horários. Assim, queridos diáconos, vivendo na disponibilidade, o vosso serviço será livre de qualquer interesse próprio e evangelicamente fecundo.

Ouvindo o papa, o diácono deve se considerar indigno do serviço, mas ter a certeza de que tudo o que faz é pelo bem-querer de Jesus.

A mansidão é outra caraterística do diácono, sem a qual não testemunhará o rosto misericordioso de Jesus. "A mansidão é uma das virtudes dos diáconos" diz o papa.

Mansidão e humildade de coração (Mt 11,29) devem ser características do diácono; como fala o papa: "Com efeito Deus, que é amor, leva o seu amor até ao ponto de nos servir: conosco é paciente, benévolo, sempre disponível e bem disposto, sofre com os nossos erros e procura o caminho para nos ajudar a tornar-nos melhores".

O papa acrescentou neste encontro com os diáconos por ocasião das comemorações do Jubileu, que

> manso e humilde são também os traços do serviço cristão, que é imitar Deus servindo os outros: acolhendo-os com amor paciente, sem nos cansarmos de compreendê-los, fazendo com que se sintam bem-vindos à casa, à comunidade eclesial, onde o maior não é quem manda, mas quem serve (cf. Lc 22, 26). E nunca ralheis, nunca. Assim na mansidão, queridos diáconos, amadurecerá a vossa vocação de ministros da caridade.

Para Francisco, os diáconos devem estar "disponíveis na vida, mansos de coração e em diálogo constante com Jesus, não tereis medo de ser servos de Cristo, de encontrar e acariciar a carne do Senhor nos pobres de hoje".

Celebrando o Jubileu dos Diáconos, na Praça São Pedro, o Papa Francisco chamou o diácono a exercer com fervor seu "ministério do serviço" na Igreja. Para ele, o diácono seja "o servo sabe abrir as portas do seu tempo e dos seus espaços a quem vive ao seu redor e também a quem bate à porta fora do horário, à custa de interromper algo que lhe agrada ou o merecido repouso".

Chamados por Deus para servir, para estar aptos ao serviço, lembrou o papa, que é preciso estar curado interiormente, ter o coração curado por Deus, que não sejam fechados, prontos para perdoar e amar, estar conscientes de que "já não nos chama servos, mas amigos" (cf. Jo 15, 15).

> Queridos diáconos, podeis pedir diariamente esta graça na oração, numa oração em que apresenteis as fadigas, os imprevistos, os cansaços e as esperanças: uma oração verdadeira, que leve a vida ao Senhor e traga o Senhor à vida. E, quando servirdes à Mesa Eucarística, lá encontrareis a presença de Jesus, que Se dá a vós para que vos doeis aos outros. Assim, disponíveis na vida, mansos de coração e em diálogo constante com Jesus, não tereis medo de ser servos de Cristo, de encontrar e acariciar a carne do Senhor nos pobres de hoje.

Aos apelos do papa, como filhos da ternura de Deus, resta dizer "aqui estou" para o serviço, mesmo que o cansaço chegue.

A alegria de servir tem sido um dos temas mais abordados pelo papa, porque "um cristão é um homem e uma mulher de alegria, um homem e uma mulher com alegria no coração: não existem cristãos sem alegria".

Noutras oportunidades, o papa tem ressaltado que é preciso caminhar rumo àquela esperança que os primeiros cristãos representavam como uma âncora no céu. "Aquela esperança que nos dá alegria".

Também tem lembrado que "o bilhete de identidade do cristão é a alegria, a alegria do Evangelho, a alegria de ter sido escolhido por Jesus, salvo por Ele, regenerado por Jesus".

Para ele, quando se encontram cristãos tristes, "algo está errado". "Nós devemos ajudá-los a encontrar Jesus, a tirar essa tristeza, para que possam se alegrar com o Evangelho, possam ter essa alegria que é própria do Evangelho". Neste contexto, ao diácono cabe o papel de ajudar as pessoas a sair desse estágio de vida.

Ao diácono o papa tem repetido, assim como aos demais ministros ordenados e leigos comprometidos, que nunca devem "ignorar o pobre" porque, assim agindo, é ao Deus que está desprezando. "Temos de aprender bem isto: ignorar o pobre é desprezar Deus", insistiu.

O diácono deve ficar atento para o trabalho voltado ao exercício da misericórdia, porque, "quando esta falta, também a misericórdia de Deus não encontra espaço no nosso coração fechado, não pode entrar. Se eu não abrir a porta do meu coração ao pobre, essa porta permanece fechada, mesmo para Deus, e isto é terrível".

O que disse o papa sobre os padres, que considera que estes não sejam funcionários burocratas, também serve para os diáconos. "O seu estilo de vida simples e essencial, sempre disponível, fá-lo credível aos olhos das pessoas e aproxima-o dos humildes, numa caridade pastoral que o torna livre e solidário. Servo da vida, caminha com o coração e o ritmo dos pobres", sublinhou.

Diáconos para ajudar na construção da Igreja, que surpreendam trabalhando como servos silenciosos.

O papa e os diáconos

É salutar trazer uma reflexão acerca das palavras do Papa Francisco aos diáconos, que durante seu pontificado tem recorrido a ensinamentos de Jesus para fazer brotar uma Igreja revigorada, mais servidora. Para se juntar aos agentes que colaboram com essa edificação, ele tem dirigido mensagem apelativa e palavras confortadoras também aos diáconos.

Desde quando seu nome foi anunciado como papa, no dia 13 de março de 2013, e tendo aparecido na janela da Praça São Pedro, no Vaticano, para acenar ao mundo com uma saudação de paz, o Papa Francisco apontou novos caminhos para a Igreja universal. Isso demonstrou nos primeiros gestos e vem demonstrando modéstia e simplicidade na prática de vida que caracteriza o modo de viver dos jesuítas, de modo especial, e de todo os cristãos. Suas primeiras palavras pronunciadas apontavam os novos caminhos que a Igreja deveria seguir.

Quando assumiu a Cúria Romana, humildemente, olhando a multidão à sua frente, pediu orações e que o povo o abençoasse para que pudesse abençoar a todos. Naquele momento irradiava confiança e paz. Foi uma demonstração de abertura da centralidade do poder da Igreja ao povo já realçada no Concílio Vaticano II.

O papa demonstrou a todo instante o desejo de consolidar avanços na Igreja, ele mesmo protagonizando gestos simples e inovadores, como ir aos necessitados e excluídos para ouvir suas lamentações.

Sempre convidou a todos para olhar ao redor, identificar e contribuir com a melhoria da situação periclitante das pessoas, cobrando uma atenção especial para o debate da questão da pobreza em espaçosos setores da sociedade.

A nova Igreja "em saída" definida pelo Vaticano II e proposta por Francisco, necessita de ministros ordenados, de leigos, mas, sobretudo dos diáconos. Estes são chamados a viver autenticamente seu papel nesse panorama. São convidados para ficar no círculo dos acontecimentos, escutando e animando, sejam como orientadores ou apenas companheiros, mas que estejam presentes com uma mensagem animadora.

Nesta Igreja desejada pelo Papa Francisco, os diáconos podem ter um papel preponderante junto aos outros protagonistas, bispos, padres e leigos.

Os primeiros pronunciamentos do papa após sua escolha sinalizaram o desejo de implantar uma Igreja sem pompas e, sobretudo, missionária. Também demonstrava sua preocupação para com os que supostamente viviam a suntuosidade em suas cátedras. Apontava caminhos da simplicidade e da justeza de atitudes no seguimento de Jesus. Despojado de pompas, apontou o horizonte que a Igreja deveria olhar. Esse olhar não deve estar distante do modo como os diáconos são chamados a testemunhar e a viver.

Desde os primeiros momentos do seu pontificado quando se dirigia aos bispos e presbíteros, sempre os estimulou a avançar às águas mais profundas na busca de alavancar o projeto de uma Igreja servidora. Também em diversas oportunidades o papa se manifestou aos diáconos, exortando-os ao serviço, à prática constante da caridade, a despojar-se dos apetrechos que podam qualquer gesto concreto de solicitude.

O Papa Francisco sempre apresentou em suas homilias, pregações e preleções, reflexões acerca dos ministros ordenados e grupos específicos de leigos. É preciso compreender a visão do papa sobre a Igreja, sua eclesiologia, para saber o que ele espera dos padres e diáconos. Tem chamado a atenção para o projeto da Igreja missionária, mais servidora, mais acolhedora, mais atenta aos pobres e excluídos. Sua visão é de que nesse processo de transformação, o diácono pode e deve se constituir num parceiro indispensável.

Nas suas primeiras exortações aos diáconos, a exemplo de como aconteceu no dia 12 de novembro de 2014 na Praça São Pedro, no Vaticano, quando falando aos ministros ordenados, dizia que o Senhor continuava necessitando dos bispos, padres e diáconos para apascentar o seu rebanho. E ressaltava que esses ministros constituem a esperança e o testemunho da caridade.

Em determinada ocasião, recordando as "Cartas pastorais" do apóstolo Paulo aos seus discípulos Tito e Timóteo, Francisco recordou que junto aos dotes de fé e vida espiritual, quando depurados nas suas qualidades humanas, os bispos, padres e diáconos "sejam excessivamente capazes do acolhimento, tenham sobriedade, paciência, mansidão, confiança, bondade de coração e estejam prontos ao serviço".

Em outras oportunidades, dirigindo-se especialmente aos diáconos, o Papa Francisco repetidamente tem se mostrado ser um pastor "acolhedor" e profundo incentivador desse ministério, quase sempre deixando claro em suas palavras que os diáconos devem ser servidores de Cristo quando servem ao irmão mais próximo.

Quando é ordenado, o diácono faz manifestação pública da vocação para o serviço por toda a sua vida, não apenas para a Igreja, mas principalmente aos pobres e aos necessitados. Nessa dinâmica, o papa recomenda que sejam os diáconos "servidores de Cristo e não funcionários".

Numa carta aos diáconos do Brasil, em fevereiro de 2017, o papa manifestou estímulo a esses ministros ordenados. Destacando na carta o testemunho da fidelidade à Cátedra de São Pedro, o papa agradeceu e exortou para que "todos busquem incansavelmente ser modelos de discípulos missionários". (cf. Carta enviada a CND-Comissão Nacional dos Diáconos).

Segundo ele, quem anuncia Jesus é convidado a servir, e pelo serviço apregoa a presença de Jesus. Entende que o diácono é chamado a visibilizar na comunidade Jesus que é a Palavra do Pai, Aquele que trouxe a boa-nova (cf. Is 61,1), que é a própria boa-nova (cf. Lc 4,18), que se fez nosso servo (Fl 2,27), e que igualmente não veio para ser servido, mas para servir (Mc 10,45), e mais, tornou-se misericordioso, exercitou a caridade e foi servo de todos.

Na homília por ocasião do Jubileu dos Diáconos, no domingo, 29 de maio de 2016, na Praça São Pedro, o Papa Francisco novamente fez uma exortação aos diáconos, chamando-os a viver com plena convicção seu ministério tendo como base os ensinamentos de Jesus.

> O servo sabe abrir as portas do seu templo e dos seus espaços a quem vive ao seu redor e também a quem bate à porta fora do horário, à custa de interromper algo que lhe agrada ou o merecido repouso. O servo não se cinge aos horários. (...) Assim, queridos diáconos, vivendo na disponibilidade, o vosso serviço será livre de qualquer interesse próprio e evangelicamente fecundo.

Neste sentido, o diácono se torna um "servo bom e fiel", acolhendo a todos com amor resignado, sem se enfadar de compreender as ansiedades dos outros, fazendo que se sintam bem-vindos à casa do Pai, à comunidade eclesial, "onde quem é maior é quem serve e não quem manda" (cf. Lc 22,26). O papa recomendava que "nunca ralheis, nunca. Assim na mansidão, queridos diáconos, amadurecerá a nossa vocação de ministros da caridade".

Na mesma exortação, o papa lembrou que todos são chamados a servir, mas para que isso ocorra concretamente, é preciso que a pessoa seja curada interiormente.

> Para estar apto ao serviço, precisamos da saúde do coração: um coração curado por Deus, que se sinta perdoado e não seja fechado nem duro. Ser-nos-á útil rezar confiadamente todos os dias por isto, pedindo para sermos curados por Jesus, assemelhar-nos a Ele, que 'já não nos chama de servos, mas amigos' (cf. Jo, 15,15). Queridos diáconos, podeis pedir diariamente esta graça na oração, numa oração em que apresenteis as fadigas, os imprevistos, os cansaços e as esperanças: uma oração verdadeira, que leve a vida ao Senhor e traga o Senhor à vida. E, quando servirdes à Mesa Eucarística, lá encontrareis a presença de Jesus, que Se dá a vós para que vos doeis aos outros.

Conclui a mensagem por ocasião das comemorações do Jubileu dos Diáconos com estas palavras de carinho: "Assim, disponíveis na vida, mansos de coração e em diálogo constante com Jesus, não tereis medo de ser servos de Cristo, de encontrar e acariciar a carne do Senhor nos pobres de hoje".

Ainda lembrando o Papa Francisco, a 25 de março de 2017, quando expressou uma bonita exortação aos diáconos:

> O diácono é o guarda do serviço da Igreja (...). Vós sois os guardas do serviço na Igreja: o serviço à Palavra, o serviço no Altar, o serviço aos Pobres. E a vossa missão, a missão dos diáconos, e o seu contributo consiste nisto: em recordar a todos nós que a fé, nas suas diversas expressões – a liturgia comunitária, a oração pessoal, as diversas formas de caridade – e nos seus vários estados de vida – laical, clerical, familiar – possui uma dimensão essencial de serviço. O serviço a Deus e aos irmãos.

O caminho é longo, o Bom Pastor nos espera. O papa convidou o diácono a estar junto com nosso bispo e o padre na colaboração do serviço da Igreja, ajudando na construção da sociedade do amor, levando a Palavra de Deus a todos os recantos.

Servo silencioso

No dia 18 de junho de 1967 foi promulgada Carta Apostólica pelo Papa Paulo VI que instituía o Diaconado Permanente, após o seu restauro pelo Concílio Vaticano II, ocorrido em Roma no ano de 1965.

A restauração do diaconado representou uma das tantas novidades suscitadas pelo Concílio, como avanços na Igreja que dava sinais de cansaço. Três anos depois dessa carta assinada pelo papa foram ordenados na Paraíba, por Dom José Maria Pires, os quatro primeiros diáconos casados.

Ele dizia que o diácono existe não porque faltam padres, mas porque é necessário à Igreja. O diácono tem sua identidade própria. Assumindo suas atividades, deixa o padre liberado para exercer as funções que somente este pode fazer.

Semelhante ao tempo quando de sua restauração há mais de cinquenta anos, as comunidades hoje estão ávidas e sedentas de pastores, pois se sentem sozinhas, com inquietantes provações de toda ordem, espiritual, social e econômica.

"Silencioso, exerce seu ministério de serviço no ambiente de seu trabalho e no mundo onde alguns andam um pouco fora da Igreja, onde destaca os valores da virtude da caridade e da justiça. Seus gestos devem ser de convite para que as pessoas façam o mesmo", comentou Padre Gaspar Rafael Nunes da Costa, da Diocese de Guarabira, na Paraíba.

Ainda existam padres que não compreenderam a necessidade e as funções do diácono. Precisam entender que o diácono é o primeiro colaborador do pároco, está ao lado deste para ajudar. É um colaborador do bispo e da Igreja, como são os sacerdotes.

O diácono deve fazer com que seu ministério ganhe dimensões louváveis na Igreja a partir da perseverança na oração, na dedicação ao serviço e no uso do seu tempo na missão, mesmo em sacrifício do lazer com a família.

Ser diácono não é uma promoção do leigo, porque este tem seu papel específico na Igreja, mas se trata de uma contribuição para fazer com que todos tenham uma vida de serenidade. Não é um ministério de poder, mas de serviço, do exercício constante da caridade, porque chamado à vida de simplicidade, de humildade.

Mas ainda se tem um longo caminho a percorrer, porque existem comunidades isoladas pela falta de pastor. Nesses lugares o diácono deve chegar, como servo silencioso, para ajudar a suscitar uma vida nova.

José Nunes da Costa é diácono permanente, jornalista, poeta e cronista. Integra o Instituto Histórico e Geográfico Paraibano e Associação Paraibana de Imprensa. Exerce seu ministério na Paróquia Sagrado Coração de Jesus, no Bairro de Mandacaru, em João Pessoa (PB), administrada por jesuítas. *E-mail*: jnunes48@hotmail.com

Printed by Books on Demand GmbH, Norderstedt / Germany